JN411603

짙은 침묵과 가녀린 응시

황혜란 시집

시와사람

짙은 침묵과 가녀린 응시

2023년 6월 20일 인쇄
2023년 6월 30일 발행

지은이 황혜란

펴낸이 강경호 편집장 강나루 디자인 정찬애
펴낸곳 도서출판 시와사람
등록 1994년 6월 10일 제 05-01-0155호
주소 광주시 동구 양림로119번길 21-1(학동)
전화 (062)224-5319 E-mail jcapoet@hanmail.net

ISBN 978-89-5665-677-9 03810

· 잘못된 책은 구입하신 서점에서 바꾸어 드립니다.

이 도서의 국립중앙도서관 출판예정도서목록(CIP)은
서지정보유통지원시스템 홈페이지(http://seoji.nl.go.kr)와
국가자료종합목록 구축시스템(http://kolis-net.nl.go.kr)에서
이용하실 수 있습니다.

짙은 침묵과 가녀린 응시

시인의 말

詩는 시시하다는데
詩는 힘이 있다는데…

어두운 동굴에 갇힌 날,
내 몸에서
詩를 떼어내려 했다.

부득불
내게로 다가온 詩

詩는
여전히 내 영혼의 숨이고
삶의 버팀목이었다.

세상에 내놓은
내 작은 언어들이
한 줄기 바람이고
따스한 햇살이면 좋겠다.

2023. 5월
황혜란

축시

박덕은

수많은 계절 방목하며
아름다운 존재 기리는
태곳적 전설이
금진 마을로 내려온다

꽃새벽 강보에 싸여
눈뜨는 생의 안쪽에서
신비한 오로라 너울댄다

늘 고향으로 향한 마음
유년의 동심들과 만나

신비 속에서
바지락 캐고 소라 잡고

뼈와 살을 내준
아버지의 꽃밭에서
단맛 나는 감꽃 목걸이 건다

詩 쓰는 선생님이라는 꿈이
몸안의 작은 샘으로 출렁거리다가
두레박으로 길어 올린
긴긴 잠에서 소롯이 깨어나
은은히 날갯짓하는 나비

시심의 향기에 젖어
열정의 동산에 머물다

솟구치는 파도의 아우성에
밤새워 영롱한 깃발 꽂는다

잠시 사색의 새들이
발목에 묶인 허공의 무게 내려놓는
오솔길에서 발길 멈추고 회한 덖다가

숙고 끝에 내린 믿음 송이
향긋이 덧칠한 뒤 아침

낮과 밤과 뒷걸음질을
새로 해석한 감성 몇 자락
훠훠 젓다 마침내 닻 내려

무지개보다 더 찬란한 열매
품속에서 꺼내 펼쳐 놓자

꽃을 피워내던
무수한 감동의 빛은
전율의 등줄기 휘감아
저리 환호하고 있다.

짙은 침묵과 가녀린 응시/ 차례

제1부 서투른 어법 하나

제2부 남자가 있는 바다

제3부 서성이는 그리움

제4부 팔목에 걸린 하루

제1부

서투른 어법 하나

호숫가에서

물풀에 걸린
저 외침들

바람에 휘날리는
해맑은 미소

생각 흩날리는 날
깃발도 땅으로
스러지는 날엔

옹기종기 모여 있는
마을에
하얀 자작나무 위
밝은 햇살

아침 털고 일어서는
새의 노래

별 총총 떠 있는 하늘
어둠 내린 밤엔
달이 포근포근 잘도 자란다.

백일홍

술렁이는
바람 따라
밤새 뒤척이며

석 달 열흘
울다 울다 핀
눈물꽃.

고사리

첩첩산골
주름진 허리 아래
올망졸망한 아이들
반듯 반듯 자란다

새벽이슬 마르기 전에
나서야 보이는
싱싱한 봄의 뿌리

잘 펴지지 않는 하루
일으켜 세워
호미 같은 등 밀어
산자락으로 간다

축 늘어진 오후에도
날마다
잡풀 자라는 밭

부지런한 발자국 소리 듣고
소롯이 밀어올리는

봄의 꽃대

비탈길 오르는
손놀림
경쾌하다

빗속 걷는
허리의 기울기만큼
쑥쑥 익어 가는
지리산의 봄

관매도

오수에 물든
가게 할머니
안단테로 일어나고

정자 속
눈빛들이
땡볕보다 뜨거운데

걱정 없는 아이들은
물속에서
연신 재잘거린다

잠 못 드는 행렬
타다닥 타닥
폭죽 터뜨릴 때

별빛 스민
함성들은
하늘에 닿고

하얀 파도는
숨차게
어둠 부수고

사연 많은
문어 부침개 아저씨
시간 드는 줄 모르고
세월을 꺼내 뒤집고 있다.

꽃무릇

가느다란 잎새에
빗물 흐른다

하얀 자작나무 위
어린 새 한 마리
지금 어디쯤 날고 있는지

명이 고비 물푸레
기지개 켜는 아침

잦은 파도에
몸 빠져나가는 줄 모르는
늙은 아버지

문밖 서성이다 숲으로 가는 길
터져 버린 솔기 사이로
자주 뒤적거리는 어머니 손

푸르게 봄물 드는데
밤 지새워
솔기 꿰매는 법 수소문한다.

봄을 맞다

바람 부는 들판에
두 발 내디딘다

계절의 길목 두드리는 소리
딩동딩동

뚜벅뚜벅 배달된 시어들
흐드러진 꽃잎이 된다

날개가 돋은 걸까
훙얼훙얼 나비 한 마리 날아든다.

봄비 · 1

오르고 오른 눈물이
내리는
아침

꽁꽁 묶어 놓은 두레박을
지금 이 땅 위에
내리소서

사랑이 그리워
차라리 눈을 감는
이들에게

두레박을
내리소서
지금 이 땅 위에.

봄비 · 2

슬퍼서 아픈
그리움 데리고
산책 나서면
꽃비 오려나

숨가쁜 심장
해진 마음
달래줄
꽃비 오려나.

구두닦이 소년

찬바람이
귓전 때리고 지나가면
발밑으로 물이 올라온다

지문 없는 청춘
부어오른 하루
쉽게 발이 들어가지 않는다

얼음장 같은 오늘
머리에 이고
만원버스에 오르는 어머니
늘
아버지의 절망은 밥
불붙는 분노는 술이었다

출구 없는 먼지는
졸리는 이마 위에도
식은 점심밥 위에도 내려앉았다

점심 굶는 견습생

집으로 돌아오는 다리와 어깨
휘청거리다 새벽 이슬에 젖는다

자라기도 전에 짓밟히는
밑바닥 생의 줄기
길고 깊게 뻗어 있는 엉겅퀴

거세된 노예로 살아라
조롱받을수록 자라나는
굳은 결기

말이 비틀거릴 때
깊게 숨죽인 바닥을 잡고
일어선 서투른 어법 하나

평화시장 어린 동심 곁으로
생을 두고 맹세한
돌보지 않으면 안 될 형제들 곁으로

거꾸로 걷는 세상에

가지 잘린 희망 위해
연민은
불꽃을 피운다.

봄이 한창입니다

소나기로 그쳐 버린
그날부터
봄이 한창입니다

연둣빛 향연을 모르는
봄이 한창입니다

한철 튼실한 사랑을 기다리는
봄이 한창입니다.

오월

손바닥 펴 보니
훤히 보이는
붉은 상흔들

숨쉬는 법을 몰라
마음까지
막혔던

푸르지 않은
먹먹한
계절

이팝나무 꽃향을
온몸에
두르고

바다로 산으로
훠이 훠이
날아간다.

하늘 다리

굽은 허리로
아이 업고

오늘도
땡볕 모랫길

뚜벅뚜벅
맨발로 걷는 그대.

시지포스

정점을 사랑한 까닭으로
날마다 낮아져
바람이 없다

계절의 길목에서 시작된
끝 모르는 풀무질
길 없는 날엔
소리에 눈이 멀고
풍경에 귀가 먹는다

가장 정갈하게 살라고 하면
지상에서 썩지 않는 건
무얼까

헤살거리며 뛰노는 영혼
가늘게 절룩거리는 성숙
큰 기와집에 사는 동행
모서리진 알약을 통째로
먹으려면
어디부터 삼켜야 하나

자주 뒤돌아보는 골목 지나
천길 낭떠러지 향해 가는
빠른 발걸음

골짜기에는
생기 모르는 마른 뼈들이
가득하다는데….

풍경을 읽다

속절없는 세월
살포시 벤치에 둘러앉는다

나란히 앉은 쉼표는
한 땀 한 땀 헤진 발목을 시침질한다

웅웅거리는 말부리들
엉겨붙기 일쑤이지만
천천히 일어선다

소롯이 옹이 품은 그곳
앞으로만 걷는 행렬들
지금 옆과 뒤는 없다

낮은 데로 굽이쳐 흐르지만
투명한 물줄기는
바다를 잃어버리지 않는다

허리 낮춘 쪽빛은
나무와 키를 맞추고

적정히 흔들리는 이파리는
푸르게 고요하다

미끄러지면서 돌무더기를 지나온
여백이 흐뭇하게 마주보면
점을 만난 싱싱한 선들
총총히 길을 간다.

필리핀

태곳적 신비를
간직한 곳

이정표 없는 하루가
느린 곡조로
나아가고 나아오는 곳

끝 모르는
낯선 나라의 등에 밀착하여
구불구불한 생의 길 달린다

저리 당당한 바위와
잦은 우기를 걸어
무수한 자맥질로 길을 낸
작은 키에 큰 눈의 제로미*가
날마다 물밑에 집을 짓는 곳

곧추선 어린 낙타가
습관을 목숨처럼 익히며
오롯이 오늘을 산다.

*제로미 : 필리핀 현지인 가이드

을지로 연가

비탈진 둔덕길*에서
날마다 미역국 끓여 주는
을지로로 간다

몸 누일 곳 없는
차가운 거리

일으켜 굴릴 수 없는 오늘
벽돌공이 쌓은
성당의 붉은 벽돌탑은 아주 견고하다

아침이 자랄 때마다
바닥에 쌓이는 생의 찌꺼기들

바람을 덮고
바닥 위에서 흥건히 잠드는
고장난 시간을 뚫고
저 멀리서
봄이 오고 있다

빚더미로 저만치 밀려도
골고루 추억 비추는 곳

제일 먼저 일어나
새벽길 나서는
젊은 그대가 있는
특별시 행복마을 을지로로 간다.

*둔덕길 : 땅 위에 불룩하게 올라온 언덕에 난 길

자취생

알 수도 없는 길
욱신한 다리로
도착한
꽃 같은 시간

구부린 채
엉거주춤 살아가는
스물세 살의
등허리.

회개

길을 묻는 이에게
길을 묻는다

깃발 든 몸뚱어리
어쩐지 남루하다

아주 오래전
암나귀를 찾아 헤매며
아버지의 염려 헤아리며
수줍게 짐 보따리 뒤에 숨던 청년

오늘 귓바퀴 하나
도려내려나

보루를 거절당하는
작은 쉼표들이
네모의 목소리를 듣는다.

약속 집어 올리는 날

붉은 장막 안
성대한 연극은 잘 끝났는지

생각이 맑아져
한산한 거리를
오랜만에 가붓이 걷는다

거친 밑바닥 만나도
느닷없이 뒤통수 치고
웃으며 사라지는 손

입술 굳게 다문 하늘
불친절한 눈매의 길모퉁이

곧 봄이 오면
한 움큼 민들레 꽃씨 날려 보내야지

산들산들 바람 부는 아침에
쑥쑥 싹 내미는

맑고 고운 새 한 마리
살며시 내려앉으면
톡톡 푸른 잎 틔우는

마침내
쉭쉭 꽃 피우는 나무 나무들.

향수

바람이 팔아 버린 세월
녹슬어 있다

정갈한 우물도
손길 잃은 지 오래

몸살 오른 설렘은
숨죽여 자맥질할 뿐

빛바랜 입구에서 만난
유년은
아찔하게 낯설다

물기 없는 얼굴
흐트러진 머리카락
제발 들키지 않기를

약속 없이도
들판을 함께 까르르 달리던
아이들

쑥, 삐비, 나물 찾던 연둣빛 언덕
이제는 오르지 못해

고둥, 바지락, 소라 캐던 쪽빛 시간
이제는 만날 수 없어.

편지 · 1

님아, 님아
어여쁜 나의 님아

때로는
눈물을 참으며

가슴에 흘리는
님아, 님아

어여쁜
나의 님아.

편지 · 2

뚜벅뚜벅
걷는 소리가 가까워지면
아버지, 눈을 감으세요

곧 나룻배가 오고
곁불 쬘 수 있는 난로가 있으니
아버지, 고개 숙이지 마세요

쓰러진 자작나무 일으킨 건
아버지 잘못이 아니에요
국어 선생님이 떠나고
단풍 든 이파리 툭툭 떨어지는 가을엔
아버지, 절대 늙지 마세요

세상을 둥글고 부드럽게 감싸 주는
흰 눈 펑펑 내리는 겨울이 오면
아버지, 젊디젊어지세요

푸른 하늘 아래 마당에
대낮에도 환한 가로등나무처럼
아버지, 활짝 피어나세요.

빨래를 하다

촘촘히 스며든 이야기
툭툭 털어내
손끝으로 치댄 땟물 헹굼질한다

졸졸 흐르던 물길
출구에서
잠시 머뭇거린다

떨림을 헤치고
척 달라붙은 먼지들
미련한 너 때문인 거야

세상을 바라봐
흐르고픈 물길을
방망이로 두드리면 뭣이 되는지

정체하여도 그만이라는
익숙한 이들의 고백
낯설기만 하다

오늘의 흐린 출구는
그저 돌아갈 일
그뿐

지금은
숨고르기가 필요한 시간
천천히 들숨과 날숨을 배운다.

커피

하얀 찻잔 속으로
또르르르
경쾌한 물방울 잠긴다

천천히 스며드는
해맑은 웃음소리 한 스푼

작은 연약 업으려고
낑낑거리는 숨소리 한 스푼

마주잡은 손끝으로 살며시
저으면
갈잎의 세월, 사르르 녹아내린다

타향살이 짠내 눈치챘는지
잦은 바람에 피우던
눈물꽃

소담스런 향기는
창문 넘어 돌담 건너

푸른 물결 넘실거리는
추억의 바다로 간다.

제2부

남자가 있는 바다

고백

계절이
헉헉거릴 때마다

몸 안 구석구석 박힌
허물들은 가렴증이 난다

누군가 그리워지는 시간
가만히 손 내밀어 볼까

우렁쉥이 투명한 노랫소리로
떠다니던 시냇물에게

마당 안 가득 쏟아지는 별
세던 함박 미소에게

온통 설렘과 기쁨으로 달리던
눈부신 초록빛 들판에게

저만치 있는
은총 같은 그날에게.

그리움 · 1

우기가
계속되는군요

오일시장, 앉은뱅이 버섯꽃 우에다
콩 콩 콩, 콩나무를 심어요

뿌리 내리고
연초록 줄기 미더워지는 날
그곳으로 갈 거예요

서걱서걱 콩알 먹고
스르륵 잠이 들면
이곳으로 손잡아 올 거예요.

그리움 · 2

다닥다닥
붙은 신열
잠을 자다

물기 마른
허리로
창문 열면

몸살 내린 마당
소금꽃을
주렁주렁 달고 있다.

그리움 · 3

한 잔 술에
비틀거리는 밤

어디로 가면
보일까

얼마쯤 가야
찾을까.

그리움 · 4

함께 걸었던
그 언덕

오늘도
비가 내려요

가던 길 그 끝에서
다시 돌아와 주세요.

남자가 있는 바다

밤새 신열을 지니고
드나드는
미로 같은 새벽

여인의
열두 폭 치마를
닮았다

두툼한 목도리에
장갑 끼고
종종거리는 그리움

두 손 맞잡고
연신
조잘거린다

별빛이 낯설어
줄담배를
피워대며.

보이지 않는 너

초록빛 오르막길
함께 걸어도

푸른 바다 보이는
논둑 서성거려도

옥수수밭 하늘
뛰어 올라도

헝클어진 발길
숨가쁘게 추스려도

밥물 내음 폴폴 나는
정지에 종종거려도.

사랑가

가르랑거리는 서랍 속 귀퉁이
한 점 바람이 되는 날
시인은 비틀거린다

얼마쯤 거리를 노래한 이유로
항아리 속 작은 온기
그 경계 안에서
쪽잠 자는 오후

뼈를 잃더니
또 하나 뼈 잃어
스러진 사랑아
사위어 버린 사랑아

흙이 되어서야
흙을 만나는 그리움인가

새가 되소서
훨훨
부디 새가 되소서.

세레나데

달은 줄곧
별들의 가슴을 따라온다

바라보지 않는 저녁 하늘은
녹이 슬어간다

서성거리는 거리에
찾아왔을까

스무고개 넘는
평행선은 아주 길기만 하다

달빛 드리워진 이정표 앞에서
부르는 노래
나는 엄마가 없어요

국가의 반도 싫고
만화봉도 나는 싫어요*

바리데기

바리데기
나는 엄마가 있어요.

*서사무가 <바리공주>에서 인용

아내

손잡고
달려간 그리움이
회한의 고백으로
흐른다

후려치는 바람의 채찍에
버둥거리다
길 놓쳐 버리고
서럽게 운다

"여보,
지금은
용기가 필요해요."

앵두

한 움큼 햇살
해풍에
버무려

고향집 뜨락에
톡톡톡 열리는
붉은 설렘

한입 가득
바닷길 건너오는
그리움.

애련

팔짱 낀
몇 줄의 지식이
한 편의 음률 들을 때

작고 여린 것은
풀처럼
쓰러진다

탐욕의 바퀴는
온기 한 점 없는
여백을 짓밟아버려

흔들림을 밀어내는
몸짓에
자꾸만 균열이 간다

젖은 풀잎
만나러 가는 길은
서먹한 경계 넘는 일

몹시도 미련한 화살 꺾지 않고
달려드는 무수한 아집에
미소 짓다

마침내
별이 된
희디흰 순결

날선 귀퉁이마다
고개 떨군 이야기
수런수런거리는 밤

꽃 같은 애련
차마 떨치고 돌아와
두 손을 모은다

그날을 위해.

양파 까기

이정표 잃은 사랑

주르륵

두 볼 타고

흐르다

시린 영혼의 문을

두드린다.

어떡하면 좋아요

매운 바람 앉은 땅바닥에
칭얼대는 그리움
나뒹구는 날엔
어떡하면 좋아요

내일은 졸업식이라
더욱 보고 싶어
목소리 들리는 날엔
어떡하면 좋아요

꽃같이 눈부신
내 가슴속
시들어 버린 날엔
어떡하면 좋아요.

연가

대나무 밭 들추어대는
바람 소리

밤새 뒤척이는 그리움
꼭꼭 빗장 건다

읽을수록
풍화되어 버린 세월

고향집 담벼락 어디쯤
뒤란 감나무에 달려 있을
엄마의 꽃밭 속에도 숨어 있을
유년

부치지 않은 안부를
꾹꾹 눌러 쓰는 바다가
손 내밀어 주기를

오월이 오면
뒤뚱거리는 발목의
사랑이 시작된다.

점멸에 들다

빛바랬어도
꽃 같은 시간
순한 것만 기억한다

걸려 넘어진 돌부리
부딪혀
조각난 기억들

이 강 건너려면
모두
짐이 될 듯

더듬거리지만
열리지 않는
저만큼의 세월

손끝 에이던 사랑
나는 너를
아직도 몰라.

영산도

하얀 포말 일면
집으로 가는 길 열리고
새들이 하늘로 날아간다

사는 일은
파도와 바람에
익숙해지는 것

욕심부리면
태풍이
휩쓸고 가 버린다

내일의 바다엔
내일의 바다가
피고

햇볕 비추는
된볕산 아래
행복한 바보들

우렁우렁 어깨 기댄 채
천천히 천천히
오늘을 산다.

젊은 날의 초상

구름 몇 뭉치 뒤
곳곳에 신열같은
꽃을 피웠다

떨리는 치마 속으로
숨어든 시간조차
세지 못하고

둥지 튼
피붙이의 방에
장맛비가 내렸다

축 늘어진 어깨로
꺼억꺼억
울던 남자

바람처럼
또 그렇게
떠나버린 날

앞산 신록은
속절없이
깊어만 가고

푸르디푸른 바다는
별처럼 무심히
빛나고 있었다.

창공

지상은
새벽을 점령당한 지 오래

온몸 이끌고
그곳으로 간다

점점이 비상하는 날
물기둥에
그리움은 정점이 된다

두고 온 소식은 멀어
기도로 가늠할 수밖에

눈부신 꽃들의 이야기가
순해지는 순간
여기저기 사랑과 낭만이 피어난다

곡선 그리는 이곳은
눈물도 가시도 모르는 나라

야단스런 물밑
손 내밀어 악수를 한다.

창문을 달다

설경이는 소란 열고 땅을 들이니
속살거리는 햇살
꽃처럼 눈부시다

가둬 버린 꿈
박제되어 갈 즈음
훅, 바람 한 점 불어온다

우쭐거림은 자주 시들어도
눈먼 나비 한 마리
하릴없이 국화를 기웃거려도

뒤돌아설 줄 모르고
꺼지지 않는 한 줄기 빛

오래 가물거리지만
기도는 스러지지 않는다

경계 모르는
작고 투명한 유리 병정

오늘 닻을 내린
항구의 낡은 청춘

새벽 밀어 공중에 달아 놓은
오월, 그 길목에서
온통 펄럭거린다.

짝사랑

선녀가 올라간 후
나무꾼은
지상에서 줄곧 길을 잃는다

진초록 꿈 익는 계절
나무 지팡이는
푸르게 살아 있는
밥과 쌈장

갈림길에서
젖은 새 한 마리
하얀 진실 만난
하루는 황망스러워

황홀한 사랑
아린 손가락 위에
가만히 내려놓는다.

제3부

서성이는 그리움

고기잡이

성긴 그물로 걸려드는
젊은 날의 고백

쉴 새 없는 투망질에
숨이 가쁘다

주름진 구릿빛 손으로 건네준
수줍은 치마 한 자락,
정지 안 군불에
자글자글 익어 가는 조기 네댓 마리,
순결한 바람에 날마다 맛들어 가는
푸르디푸른 추억 시래기.

고향

썰물 바다에
올망졸망한 아이들의
호미질 싹싹 쓱쓱

4학년 2반 반장 언니는
벌써 바지락 한 소쿠리 캐고
소라도 잡았다

반 소쿠리 캔 연희는
자줏빛 고구마 밭길을
자박자박 걸었다

바닷길 건너온 조갯국은
아버지 기다리다
스르르 잠이 들었다.

동행

등짐 진 낙타 걷는 밤
소리가 없다

달빛 주우려 나선 새살거림
터벅거리면

등 뒤의 하얀 미소
우르르 별이 되고

손 내밀지 않는 달
차가운 물음표 흘리고 간다

아기 울음 운다는 전설고개
땀나게 걸어 도착한 곳

언제쯤
돌아가자는 말이 보일까

감나무 아래
고운 앵두 익는 집

한 발짝 한 발짝
수소문한다.

매실 담그다

초록 찾는
몸짓이
저리 소란하다

빠르게 늙는 순이
진종일 수소문한 여백
뚜벅뚜벅 옮겨놓는다

먼지 묻어
화석이 된 시간 씻어
햇살 불러 펼치면
어린 새들
파르락 날아오른다

인정의 복판에서
드물게 너른 품속
꾹 다문 순음 열고

설익은 자음 깨뜨리면
눈부시게 모이는

모음 한 소쿠리

켜켜이 유음 섞어
'진정'이란 단어가
익기 시작한 오늘.

복숭아 · 1

황급히
길 떠나려는
임 앞에서

가슴가슴한
마음
칼칼이 씻어

둥글게
둥글게
깎는다.

복숭아 · 2

철썩거리는 마음에
살며시 건네준
연둣빛 수줍음

속살 다 내어주고도
향긋이 웃는
붉은빛 연민.

민들레

홀로
피어 있는데

참
예쁘다.

섬집 아기

아장아장 걸어간
까치발

우물 속 요정
꿀꺽 삼켜 버렸어요

엄마가
기다리는데

엄마에게
가야 하는데

무심한 물속
온종일 하얀 고요뿐.

선착장

우둘투둘한 바닥
아득한 심연, 그곳에서
누굴 기다리는 것일까

그런 날은
금진과 녹동 잇는
바다가 보이고
다부진 닻줄 하나 필요하다

꽃밭에서
날마다 바닷속으로 침몰하는
당신

쌉싸름한 시름이 직립할 때
해풍은
쌀밥 같은 미소 풀어놓는다

둥지가 사라진 후에도
날아들던 새 한 마리

소문이 가르쳐 준 목소리 기억하는
너는
참말로 바람의 딸.

섬마을 분홍빛 가방은 혼자서 간다

푸른
물살 밟고
뱃길 건너온 편지

꽃 피고 새 울고
외로운 학이 사는
장롱 속에서 산다

건네주지 않는 그리움은
어린 힘으로는 열 수 없는
어둑어둑 힘 센 판도라

청보리밭
작은 참새 한 마리
엄마 찾아 우는 아침

어린 것들 으쓱대는 어깨로
앞서거니 뒤서거니
길을 만들고

하얗게 조잘거리며
손 맞잡은 이야기는
싱싱하게 하늘에 걸린다

인석 아재 비린 멸치 줍는 계절,
담장 지나는 고개 숙인 순이
스르르륵
명랑한 웃음소리 삼켜 버린
저수지 물소리 듣는다

수줍게 웃어 주던
바람은
어디만큼 갔을까

낮달 내린 운동장엔
힘차고 벅찬 나라의 주제가
펄럭거리고

물먹은 가슴속으로
설익은 자음과 모음이
새겨진다

가끔씩 바람 앉았다 가는
눅눅한 문장 한 소절
머리에 이고 돌아오는 길

겨울, 김 담장으로 날아든
햇실 한 움큼
이팝꽃 같은 미소로
저리 환하다.

수선화

호수 속
이러쿵저러쿵한 세월

보고
또 바라보다

파문 위에 다시 피는
사랑이여.

엄마의 섬

새떼 날아간 섬에는
허름한 허리와 주름진 얼굴이
산다

풍상 기억하는 표정 하나
빛바랬어도 파도 넘실넘실
짬도 없이 보낸 세월
열여덟 고운 등이 굽었다

엄마는
지나가는 모든 발소리가
다 아들이어서
해는 저무는데 빛바랜 대문 앞
맥없이 들락거리고
달도 하늘에서 동구 밖 내다본다

잘 살았냐 잘 있었냐 고맙다
집 앞 서성이는 그리움은
평생 찾아가지 않는
가슴에 박힌 돌덩이

지나치게 아끼는 건 무거워지고
쩔쩔매고 말 것을
부지런한 세월이 피었다 지는데
장농 서랍엔 저리 곱게 접은
양장저고리 꽃무늬치마 한 벌뿐

잘 가라 잘 가그라 아들아
쓸쓸해진 집 그리움은
마당에 핀 동백꽃 향기보다
더 진하다.

청춘의 덫

이정표 앞에서
길 잃은 오후

마른 뼈들의 불협화음
늘어선 담을 넘는다

점점 쌓이는 가시들
목으로 빠져나오는 소리

내가 그랬잖아요
나는 아직 그 자리라고

여기는
억새꽃 흔들리는 나라

시든 배추 같은 달 향해
울부짖을 때

금지구역에서
힘없이 파닥거린다.

여름 단상

쉴 새 없이 웅성거리며 쏟아지는 땡볕 아래
짙은 침묵과 가녀린 응시
송글송글 익어 가고

언어를 잃어버린 여인
살갗 비집고 들어와
자꾸만 뒤척거리는 밤

오랜 시간 꿈꾸다
주름골 패인 사람과
부지런히 사랑의 빚 갚고 사는
유년빛 얼굴을 만나고

세월에 휩쓸리다 흘려 버린
길 위에 뚝뚝 떨어지는
추억의 소리를 듣는다.

운동회

푸르른 봄날
호수 닮은 아이들

달리기하고
공 옮기고
콩주머니 넣기 한다

온몸에
웃음꽃 핀 천사들
참 맑고 곱다.

철선

웃음꽃 뿌리며
고무줄 넘던 아이들
어디론가 다 숨어 버린 오후

마을 어귀 광장 지나
식은땀 나게 바닷길 걸어
배표 끊는 맘씨 좋은 아저씨 미소로
철선에 탔다

바람에 실려 도착한
녹동시장 좁은 길모퉁이
큰 눈의 아버지 보일까

사슴목으로 걷다
밀려드는 서러움
노을에 싣고
돌아오는 철선에 올랐다.

청산도

1.
산이랑 바다 둘러 입고
우렁우렁 사람 사는 마을에
안개비 내린다

불씨 댕기지 않는 곳
불꽃 한 줌 타오를까

밥 짓지 않는 아궁이에
사르락 연기 한 자락 피어오를까

흰 밥물 흐르는 집
내내 그리워
서성이다 돌아서는 발길
붉은 노을이 흐른다

2.
5월, 지금
거리는 질긴 소요의 계절
자주 밀리는 도시의

둥그런 땅에서
싱싱한 쉼표 그린다

구릿빛 정박이어도
바닐라 커피 옆 시어들 순하고
구름 바람 물은 도도히 흐른다

오늘
막힘 없는 바다를 샀으므로
숭어 떼 훽훽 튀어오르고
흰머리 성성해도
고래 타고 흥얼흥얼 해풍 줍는다

눈물이던 술,
이 밤 훤히 비워도
취하지 않는 바다
푸른 이곳에서
거닌다 느리게 느리게.

하굣길

재잘거림 곁으로
문득 바람이 불어오면

자전거 뒤편 수북한 짐
헐거워진 회한이 되고

밀치고 웃어 주던
수줍은 미소

허기진 밤
한 점 별이 되어
반짝이고 있다.

제4부

팔목에 걸린 하루

단상

헉헉거리는
하루 씻고
들어선 방안

굳센
다짐들
하나, 둘, 셋, 넷

쏘아대는
약속들 곁에
시선 잃고 눕는다.

낙서

울보야
바보야

오늘
또 우니?

막차

빨간, 파란, 초록의 손잡이들
하나 둘 졸고 있는 밤

27번 버스 안
얇은 팔목에 걸린 하루
춤사위가 한창이다

창살 기대고 선
허옇게 세어 버린 세월
잠시 앉은 의자 위에서 끄덕거린다

소리치는 틈새를 비집는
청춘의 꿈은 아주 느리다

이제는
집으로 돌아갈 시간
팔 없는 날개가 돈는다.

산책

추격 모르는 길
벙근 꽃잎 무성하다

갓 피어난 이파리는
싱싱한 노래

들판에 지은 집은
푸른 꿈 사는 곳

말간 하늘에
오늘을 기대는 오후

밀어주고 손잡아 주는
인정 사이로
산들바람 가붓이* 내려앉는다.

*가붓이 : 조금 가벼운 듯하게

시 창작

풀기 없는 책상보에 앉은
힐끔거림
휘몰이장단으로 돌아선다

피아노 건반 앞
시심은
좀처럼
떠날 줄 모르고

통로 없는 길 지나
들어선 쪽방엔
서러운 시간만 흐를 뿐

힘껏 편린 쥐어든
눈초리는
도무지 온기조차 없다.

시애詩愛

꽃잎 속절없이
떨어지는 날

너와 나
사랑을 할까

마지막 기차도
떠났는데

너와 나
사랑을 할까.

이사

구석진 세월이
햇빛 속으로
나오는 날

먼지 묻은
무수한 사연은
쿨럭거리고

어깨 위로
후두두둑
추억이 내린다.

전철

파닥이던 새떼
성긴 아침을 부비적 부비적

오롯이 날아올라도
닿을 수 없는 거기
자주 주억거린다

잊어 버린 짐보따리 속으로
밀려오는 달콤함

여기저기
하얀 잠꽃으로 피어난다

순한 부스러기들
흥얼거리다 바람에 젖어도
경계 없는 시간은 정답다

오가는 추억
해종일 지상에서 발목이 시려도
노을 속으로
푸르게 스미어 든다.

전화

웅성거리는
바람 긋고
돌아와

문득
울리는…

떨리는
가슴밭에
서리꽃 피어

정지된 시간
깨우는…

기도

쫓기던 어린 추억
젖은 땅에 울고

살찐 노래
목이 부러진 날

소년, 그 꿈
성전에 눕히다.

5·18

한낮에도 넘어지는 꿈 더듬으며
빛 없는 곳에서
빛 따른다

빳빳한 총구로
쏘아대는 붉은 낙인
야만에 차가운 바닥으로 쓸리는 등

숲이 어두워지면
더욱 단단해지는 힘
스스로를 부숴뜨린 따스함
서로의 어깨에 기대어
가쁜 숨 몰아쉰다

거리에 꽃 피는 날
거칠게 꿰매어진 목숨들
검게 지워진 기억들

희고 가벼운 아이
이쪽으로 와, 활짝 핀
쌀밥나무 잎새 사이로.

선생님

바짝
웅크린 마음
말리는 시간

햇살 물든 등허리
저 너머
눈부신 설렘 하나

보리밭 사잇길로
흐르는
초록빛 음률이 되고

바다를
나는
쪽빛 그리움 되고.

백의민족

쯧쯧쯧
어쩔라고
가시내

고슬고슬
모시 저고리 입은
울 아버지

반질반질
흰 무명 치마 입은
날 보고
나무라신다.

정약용

풀포기 나라
바로 세우기 위해
밤새워 책장 넘기는
풀잎 마음의
님이여

꽃 피고 새 우는 봄에도
문 닫아 건 외로운 마음
은백색으로 부서지지만
정겹게 흐르는 달빛 받고
묵묵히 걸어가는
님이여

세도를 부리기보다
나라와 백성 위하는 마음을
보람으로 삼은
님이여

민초의 고통을 더는 수원성 도르래
치민하는 관리의 도리 목민심서

정치 · 경제 · 경제제도 개혁과
부국강병의 경세유표
생명 사랑과 애민 정신의
법률 연구서 흠흠신서
천연두 고치는 마과회통
농촌 사랑의 장기농가 집필한
님이여

북악산 매서운 겨울 바람에
피붙이와 이별을 지고 가는
무거운 발길의
님이여

귀양살이에도
목이 떨어진다 해도
새는 울어야 한다는
님이여

살얼음판 위에서
날마다 야위어도

게으르지 않은 애민과
번쩍이는 정의감 업은
님이여

이따금씩 이마를 치고 가는
가랑가랑한 세상에
길을 만든
님이여

머언 밤바다
한 줄기 빛으로 살다 간
꽃 같은
님이여.

가을 소곡小曲

서둘러 대학로로 가는
창백한 청춘
늘 작은 어깨 흔들리고

초가을
창밖에 장마가 지고
새들의 노래 떠내려간다

푼돈이 있다면
버스 안
졸리는 손끝에서 대롱거리는
추억 잃어도 상관없는데

한 자락 고요 삼키는
저 덜커덩거리는 오후

둥지 좁은 풀뿌리들
고개 숙여
허름한 오늘을 엄숙히 읽고 있다.

가을 길목

심연 속으로 던져 버린 것들이
빠르게 헤엄쳐 나오는 밤

너는
몹시도 거친 불면을 견디고 있다

곧 바다이 보일 것 같은 시간
보일 듯 보이지 않는 거리를 자맥질하다
잡히지 않는 깊은 고독을 배회하다

문득 시작점에 선 너의 미소는
풀꽃도 향기도 없는 세월의 심지에
다시 또 어린 바람 한 점
켜 놓는다.

겨울, 그 길목에서

팽팽히 세워둔
미련들

아우성 지르다
열꽃으로 피어오른다

둘레길 숲에 내릴 무렵
중후함 짙은 목소리
어디야?

벌써 저만치
앞으로만 걷는다

이봐요,
거기 바로 앞에 의자가 있어요.

어느 날 · 1

뭉클한 그리움
신고 온
신발 소리 정겨운 날

설레임 둘둘 말은
음률
꽃잎 위에 흐르고

달리는
차 안으로
몽글몽글 추억이 들어와 안기고

가을은
눈부시게
단풍 들고 있다.

어느 날 · 2

찬바람 무성한 밤에
주름진 소리 뿜어내는
그리움

시 한 줄 캐러 나선
거리 곳곳을
나뒹구는 속울음

작디작은
망각의 집으로
따라 들어온다.

우산 쓴 카페

커피 한 잔
주세요

그녀의 미소
젖지 않도록

커피 한 잔
주세요

쉰셋의 허기
툭툭 털어내도록.

낙엽

무성한 신록 몸짓
바람의 빗금으로
떨어진다

새 부리 물고
날아가는
숭숭한 추억들

이 비 그치면
곧
흰 눈 내릴 텐데

푸르게 차오르던 청춘
아지매 붉은 노랫가락
발밑에서 바스락 밟힌다

소녀들이 뛰놀고
꿈꾸는 이의 노래
흐르는 거리

그물에 걸린 계절,
아직은
끝나지 않았다고

담장 밑으로
서걱서걱
집 짓는다.

겨울 단상

불면의 밤에
더욱
보이는 세상

구멍 속으로
숨어든
바닷게처럼

땀으로도
눈물로도
어찌할 수 없어

묶여 버린
시간의 닻줄 끊어 버리고
나선 길

첫사랑 같은 눈이
자꾸만
자꾸만 내린다.

황혜란 시인의 시집 출간을 축하하며

박 덕 은
(문학평론가)

황혜란 시인은 전남 고흥군 금산면 신촌리 171번지 금진 마을에서 인정 많고 명철한 아버지 황의상 씨와 종부인 어머니 박옥심 씨 사이에서 3남 4녀 중 둘째 딸로 1965년 7월 12일에 태어났다.

시인의 고향 마당에는 계절 따라 꽃이 피어나는 아름다운 꽃밭이 있었다. 우물 옆에는 채송화와 나팔꽃이 흐드러지게 피었고, 담벼락 감고 오르는 나팔꽃을 보면 시인은 마음이 설렜다.

어린 시절, 푸른 바닷물이 밀려 나가면, 친척 언니의 손에 이끌려 바닷가에서 바지락 캐고 소라 잡으며 신비를 만났다. 감꽃 흐드러지게 떨어지면 친구들과 어깨를 겯고서 감꽃 먹으며 감꽃 목걸이를 만들어 목에 걸고 행복해했다. 이런 단맛 나는 추억을 뒤로하고, 시인은 도시로 이사 와 살면서, 외로움에 휩싸이곤 했다. 그럴 때마다 비포

장도로를 덜컹거리며 달리는 버스에 올라 고향으로 향했고, 유년의 산과 들, 바다, 친구들을 만나 잠시나마 행복을 되찾곤 했다.

시를 쓰고, 글을 쓰면서 아이들을 가르치며, 아이들과 함께하는 국어 교사가 되고 싶은 시인은, 줄곧 고등학교 운동장에 있는 목련나무 아래에서 서성이며 자신의 미래를 궁리했다. 사회생활을 하면서도 불가항력적인 힘에 저만치 밀려 가버린 시인과 교사의 꿈은 그녀의 몸 깊은 곳, 작은 우물이 되어 출렁거렸다. 1989년에 결혼하여, 슬하에 1남 3녀를 둔 이후에도 여전히.

초등학교 5학년 때 여름방학 과제물로 시를 써서 제출했는데, 뜻밖에 '우수상'을 받은 기억은 시인이 되게 하는데 한몫을 했다. 마침내 그녀는 한국방송통신대학교 국어국문학과의 문을 두드렸고, 졸업 후 독서지도사, 한문지도사로 활약하면서, 시 쓰기에 도전했다.

한실문예창작 문학 교실에 나오면서부터 본격적으로 시 창작에 정진했다. 그 열정의 열매로, 《문학공간》 신인문학상 시 부문 당선, 박용철 문학상 수상, 전주기령당 충효 문학상, 커피 문학상 등을 수상했다.

자, 그러면 지금부터 황혜란 시인의 시 세계로 들어가 여행을 떠나 보기로 하자.

무성한 신록 몸짓
바람의 빗금으로

떨어진다

새 부리 물고
날아가는
숭숭한 추억들

이 비 그치면
곧
흰 눈 내릴 텐데

푸르게 차오르던 청춘
아지매 붉은 노랫가락
발밑에서 바스락 밟힌다

소녀들이 뛰놀고
꿈꾸는 이의 노래
흐르는 거리

그물에 걸린 계절,
아직은
끝나지 않았다고

담장 밑으로
서걱서걱
집 짓는다.

-「낙엽」 전문

이 시에서의 시적 화자는 낙엽을 의인화해 놓고 있다. 헤르만 헤세는 시 「낙엽」에서 "잎이여, 바람이 너를 유혹하거든/ 가만히 참고 견디어라// 너의 유희를 계속하라 그리고 거역하지 말고 조용히 내버려두거라"고 말했다. 자연의 순리에 순응하는 것이 당연하지만 마음은 아쉽고 아프고 쓰리다. 낙엽은 밤새도록 뛰어내린 어떤 발자국처럼 길마다 찍혀 있다. 나무의 중심을 환한 초록으로 달아오르게 하며 뜨거운 포옹처럼 땡볕을 껴안고 여름을 건너온 낙엽이 자신의 삶을 내려놓기가 쉽지만은 않았을 것이다. 한때 싱싱하고 발랄했던 초록의 배경을 이제는 지우고 떠나야 한다. 나무의 문이 쾅 닫히는 소리를 들으며 머나먼 저 바닥으로 떨어져야 한다. 허공을 건너는 그 발자국 소리가 쓸쓸하기만 하다. 낙엽은 비록 바람의 빗금으로 떨어진 신세지만, 비 그치면 곧 눈이 내리겠지만, 새 부리 물고 날아가는 숭숭한 추억들이지만, 푸르게 차오르던 청춘과 아지매 붉은 노랫가락이 그 발밑에서 밟히지만, 낙엽은 담장 밑에 서걱서걱 집 지으며 외친다. 그물에 걸린 계절, 아직은 끝나지 않았다고. 소녀들이 뛰놀고 꿈꾸는 이의 노래가 흐르는 거리가 있는 한, 결코 절망은 없다고 소리친다. 힘겨운 내일을 '그물에 걸린 계절'이라고 표현하고 있다. 멋지다. 인격체로 다가온 낙엽을 통해, 소망 안고 살아가는 삶을 노래하고 있어서 더욱 멋지다.

붉은 장막 안

성대한 연극은 잘 끝났는지

생각이 맑아져
한산한 거리를
오랜만에 가붓이 걷는다

거친 밑바닥 만나도
느닷없이 뒤통수 치고
웃으며 사라지는 손

입술 굳게 다문 하늘
불친절한 눈매의 길모퉁이

곧 봄이 오면
한 움큼 민들레 꽃씨 날려보내야지

산들산들 바람 부는 아침에
쑥쑥 싹 내미는

맑고 고운 새 한 마리
살며시 내려앉으면
톡톡 푸른 잎 틔우는

마침내
쉭쉭 꽃 피우는 나무 나무들.
-「약속 집어 올리는 날」 전문

이 시에서의 시적 화자는 약속과 얽힌 감정을 떠올리고 있다. '집다'의 사전적인 의미는 '아래에서 주워 올리다'이다. 시적 화자에게 어떤 약속이 발아래에 떨어져 있었던 것일까. 그 단서는 "붉은 장막 안/ 성대한 연극은 잘 끝났는지"에 있다. 연극배우는 입술에 한 줄의 대사를 장전한 후 무대에서 관객의 심장을 명중시키기 위해, 감정과 표정을 정확하게 발사해야 한다. 커튼콜이 이어질 수 있도록 어젯밤이 묻혀 온 생각은 철저히 삭제하고 뜨겁고 싸늘한 안색을 자유자재로 숭배해야 한다. 이렇듯 연극은 인위적인 연출이 개입되기에 일상에서는 자연스럽지 않다. 또 폐쇄된 공간인 붉은 장막에서는 어딘지 모르게 불안과 긴장감이 느껴진다. 이를 통해서 우리는 시적 화자의 불안한 어제를 읽어낼 수 있다. 다행히 그 불안한 어제가 끝나서 생각이 맑아졌고 거리를 가붓이 걷고 있다. 뭔가 모를 희망이 다가오고 있다. 하지만 고개를 들어 보면 "입술 굳게 다문 하늘/ 불친절한 눈매의 길모퉁이"가 시적 화자를 둘러싸고 있다. 여전히 현실은 녹록치 않지만 힘든 현실을 감각적으로 잘 표현했다. 약속을 지키지 못한 마음은 추운 겨울과 같아서 즐겁게 자신을 마중 나오는 봄과 같은 감정은 없다. 오직 설익은 감정, 자신을 쥐어짜는 찬바람 같은 부정적인 감정만 마주해야 한다. 그 겨울 끝자락 같은 불안한 어제가 끝났으니 곧 봄이 올 것이다. 시적 화자의 설레는 마음을 "곧 봄이 오면/ 한 움큼 민들레 꽃씨 날려보내"려고 한다고 표현하고 있다. '봄'과

‘민들레 꽃씨’를 통해 약속 집어 올리는 날의 즐거움을 말하고 있다. 마지막 연에서 약속이 이행되었을 때의 마음을 “쉭쉭 꽃 피우는 나무 나무들”이라고 표현한다. 여기서 주목할 것은 ‘쉭쉭’이라는 부사다. ‘쉭쉭’은 공기나 입김 따위가 좁은 구멍으로 자꾸 새어 나오는 소리를 뜻한다. 동물에게 적용되는 말이다. ‘쉭쉭’이라는 동물의 이미지와 나무라는 식물의 이미지가 조화를 이루고 있어 멋지게 시의 끝맺음을 하고 있다. 이 시는 심리 소설을 읽고 있는 듯한 느낌이 들어 매력적이다. 시적 화자가 다시 소생하는 삶으로 전환할 것 같은 예감이 든다.

빨간, 파란, 초록의 손잡이들
하나 둘 졸고 있는 밤

27번 버스 안
얇은 팔목에 걸린 하루
춤사위가 한창이다

창살 기대고 선
허옇게 세어 버린 세월
잠시 앉은 의자 위에서 끄덕거린다

소리치는 틈새를 비집는
청춘의 꿈은 아주 느리다

이제는

집으로 돌아갈 시간
팔 없는 날개가 돈는다.
-「막차」 전문

이 시에서의 시적 화자는 막차 27번 버스를 타고 귀가한다. 「막차」라는 제목에서 어떤 간절함과 고단함이 느껴진다. 억압으로 뭉쳐 있는 아침과 오후를 뚫고 꿈을 향해 나아가는 날갯짓이 힘겨웠을 것이다. 피곤한 초침 소리를 막차 탈 때까지 방목하며 꿈과 열정을 닦달하며 달려가느라 밤이 깊어갔을 것이다. 눈꺼풀에 붙은 나른한 졸음을 손으로 떼어내며 늦은 밤을 떠받쳤던 안간힘이 눈에 선하다. 저 막차를 놓치면 안 된다는 다급함에 하던 일을 멈추고 달려왔을 조급한 뒷모습이 보이는 듯하다.

버스 안의 손잡이들이 졸고 있다. 얇은 팔목에 걸린 하루의 춤사위, 창살에 기대고 선 노인의 모습, 의자 위에서 끄덕거린다. 소리치는 세상의 틈새, 그 속을 비집고 끼어드는 청춘의 꿈, 아주 느리게 흘러가고 있다. 이제는 귀가 시간, 어느새 팔 없는 날개가 돈는다. 황혜란 시인의 시들 속에는 이렇게 마지막 반전을 배치해 놓고 있다. 세파를 어둡게 표현해 놓고, 그 속에서 희망의 불빛이 솟구치게 하고 있다. 반전의 미학이 미적 가치를 추구하는 시의 특질을 돋보이게 해주고 있다.

심연 속으로 던져 버린 것들이
빠르게 헤엄쳐 나오는 밤

너는
몹시도 거친 불면을 견디고 있다

곧 바닥이 보일 것 같은 시간
보일 듯 보이지 않는 거리를 자맥질하다
잡히지 않는 깊은 고독을 배회하다

문득 시작점에 선 너의 미소는
풀꽃도 향기도 없는 세월의 심지에
다시 또 어린 바람 한 점
켜 놓는다.

-「가을 길목」 전문

이 시에서의 시적 화자는 가을 길목을 유심히 관찰하고 있다. 가을은 마음의 바깥을 배회하는 날이 많아지는 계절이다. 자꾸만 혼자이고 싶은 저녁에게 마음을 써야 한다. 사랑니 빠진 자리처럼 허전한 밤의 시간을 다독거리며 비틀거리는 자정을 붙들어야 한다. 몸안 가득 여름으로 찬란했던 색을 뱉어내고 누렇게 바래진 빛깔로 시드는, 그 가을은 외롭다. 후천적 고아처럼 마음 둘 곳이 없다. 낙엽이 허공의 등뒤로 흘러내리듯 붙잡을 수 없는 감정들이 휘몰아친다. 심연 속으로 던져 버린 것들이 빠르게 헤엄쳐 나오는, 그 밤 앞에서 시적 화자는 서 있다. 무엇을 심연 속으로 던져 버렸다는 것일까. 외로움과 그리움 그리고 꿈과 열정처럼 현실에서 그 끈을 이어가기에는 버거운 것들이었을 것이다. 버거워 심연 속으로 던진 후 못 본 척 외면했지만 가을 길목에서 내 발목을 다시 붙들고 있다. 어지러운 아픔을 안고 내 앞에 다시 나타난 것이다. 휘청거리는 걸음으로 다가와 내 길을 막고 있는 것이다. 이제 시적 화자는 고독의 옷을 입고 고독의 숨을 쉬며 고독의 신발을 신고 가을을 배회해야 한다. 그때 문득 떠오르는 건 시작점이다. 여름의 끝자락이자 가을의 시작점, 그때서야 미소가 지어진다. 그 순간 풀꽃도 향기도 없는 세월의 심지에 어린 바람 한 점 켜 놓는다. 가을 길목에서서 절망이 아닌 소생의 순간을 맞이한 시적 화자에게 희망이 보인다. 의인화 기법으로 이끌어간 시적 형상화가 세련되어 보인다.

뚜벅뚜벅
걷는 소리가 가까워지면
아버지, 눈을 감으세요

곧 나룻배가 오고
곁불 쬘 수 있는 난로가 있으니
아버지, 고개 숙이지 마세요

쓰러진 자작나무 일으킨 건
아버지 잘못이 아니에요
국어 선생님이 떠나고
단풍 든 이파리 툭툭 떨어지는 가을엔
아버지, 절대 늙지 마세요

세상을 둥글고 부드럽게 감싸 주는
흰 눈 펑펑 내리는 겨울이 오면
아버지, 젊디젊어지세요

푸른 하늘 아래 마당에
대낮에도 환한 가로등나무처럼
아버지, 활짝 피어나세요.
-「편지·2」 전문

이 시에서의 시적 화자는 편지를 통해 아버지에게 속엣말을 하고 있다. 편지만큼 그리움의 체온을 전할 수 있는 게 또 있을까. 카톡이 일회용 커피라면 편지는 다기에 담긴 차와 같다. 아홉 번 덖은 차에 담긴 깊은 향처럼 마음 졸였던 밤의 자세가 묻어 있고 내일의 안색이 담겨 있다. 손끝에 묻은 염려와 안부가 우표에 붙어 발송되기에 편지를 받기도 전에 절절함이 느껴진다. 그 느낌의 편지가 시의 분위기를 따스하게 하고 있다. 이 시는 뼈와 살을 내주며 자식을 키운 아버지에 대한 애틋한 정이 느껴진다. 뚜벅뚜벅 걷는 소리가 가까워지면 눈을 감으세요 라고 말하고 있다. 봄이 오는 소리, 자식이 오는 소리라면 눈을 크게 떠야 한다. 무슨 소리이기에 눈을 감으라고 하는 걸까. 부정적인 소리, 아버지의 삶을 불편하게 하는 소리일 것이다. 다행인 것은 나룻배가 오고 있다. 그리움 앞세운 계절 싣고 안부와 긍정을 건네주는 나룻배가 오고 있으니 고개를 숙이지 말라고 한다. 아버지를 향한 세심한 배려가 따스하다. 아버지와의 관계가 무척이나 좋아 보인다. 그런데 아버지는 한때 쓰러진 자작나무를 일으켰다며 후회하고 있다. 쓰러진 자작나무란 무엇을 의미하는 것일까. 일으켜 세우다가 더 힘들었던 어떤 상황, 어떤 시절이었을 것이다. 아버지의 의도와는 무관하게 어쩔 수 없는 상황에 떠밀려 힘들어졌던 것이니, 그것은 아버지의 잘못이 아니라고 말한다. 아버지가 여전히 마음 아파할까 봐 걱정하는 시적 화자의 마음이 느껴진다. 이제 걱정은 뒤로하고 아버지는 환한 가로등나무처럼 활짝 피어나면 된다고 말한다. 아버지와 시적 화자는 인격체 동산에서 만나 사랑과 신뢰의 마음을 주고받으며 진정한 하나가 되고 있다. 각운의 도움으로 시 전체의 통일성을 강화시키면서, 아버지에 대한 그리움을 시적 형상화해 놓는 데 성공하고 있다.

찬바람이
귓전 때리고 지나가면
발밑으로 물이 올라온다

지문 없는 청춘
부어오른 하루
쉽게 발이 들어가지 않는다

얼음장 같은 오늘
머리에 이고
만원버스에 오르는 어머니

늘
아버지의 절망은 밥
불붙는 분노는 술이었다

출구 없는 먼지는
졸리는 이마 위에도
식은 점심밥 위에도 내려앉았다

점심 굶는 견습생
집으로 돌아오는 다리와 어깨
휘청거리다 새벽 이슬에 젖는다

자라기도 전에 짓밟히는
밑바닥 생의 줄기
길고 깊게 뻗어 있는 엉겅퀴

거세된 노예로 살아라
조롱받을수록 자라나는
굳은 결기

말이 비틀거릴 때
깊게 숨죽인 바닥을 잡고
일어선 서투른 어법 하나

평화시장 어린 동심 곁으로
생을 두고 맹세한
돌보지 않으면 안 될 형제들 곁으로

거꾸로 걷는 세상에
가지 잘린 희망 위해
연민은
불꽃을 피운다.

-「구두닦이 소년」 전문

이 시에서의 시적 화자는 구두닦이 소년의 모습과 내면을 집요하게 파헤친다. 지문 없는 청춘의 하루가 시작되어 그 하루 속으로 쉽게 발이 들어가지 않는다. 청춘인데 지문이 없다. 하물며 물의 둥근 지문도 파장을 일으키며 가장자리까지 그 지문을 끌고 가는데, 시적 화자에게는 지문이 없다. 지문은 몸이 말하는 나만의 지도와 같다. 지문이 없다는 것은 내가 걸어왔던 삶의 지도를 그리고 싶지 않다는 뜻일까. 지문은 무엇을 의미하는 것일까. 늘 움츠러들고 뒤로 숨고 싶고 도망가고 싶기에 지문이 없다는 것일까. 서럽고 어두운 자신의 모습을 인정하고 싶지 않기에 지문이 없다는 것일까. 청춘인 시적 화자가 안쓰럽다. 지문 없는 청춘에 이르기까지 얼마나 많은 울음을 삼켰을까. 친구들은 모두 웃으며 당당하게 자신의 지문을 드러내는데 그러지 못한 자신을 얼마나 많이 자책했을까. 그 서러운 하루 속으로 발은 쉽게 들어가지 않을 것이다. 아니 발을 넣고 싶지 않을 것이다. 할 수만 있다면 도망가고 싶을 것이다. 하지만 현실은 만만치 않다. 얼음장 같은 오늘을 머리에 이고 만원버스에 오르는 어머니, 늘 절망과 분노 안고 살아가는 아버지 때문에 도망갈 수도 없다.

식은 점심밥, 그마저 굶을 때가 많은 견습생의 하루가 휘청거린다. 짓밟히는 밑바닥 생, 거세된 노예로 살아가야 하는 삶이 서럽다. 더이상 떨어질 수 없는 밑바닥에 닿았던 것일까. 그 밑바닥에서 시적 화자는 자신의 지문을 찾겠다는 어떤 의지를 세운다. 수많은 조롱 속에서도 구두닦이 소년은 굳은 결기를 일으켜 세운다. 숨죽인 바닥 잡고, 가지 잘린 희망일지라도 연민은 불꽃을 피운다. 이미지 구현과 시적 형상화를 통해, 구두닦이 소년의 모습과 내면을 실감나게 그려내고 있다. 시의 특질을 보유하면서, 이야기를 꾸려나가는 솜씨가 좋다.

촘촘히 스며든 이야기
툭툭 털어내
손끝으로 치댄 땟물 헹굼질한다

졸졸 흐르던 물길
출구에서
잠시 머뭇거린다

떨림을 헤치고
척 달라붙은 먼지들
미련한 너 때문인 거야

세상을 바라봐
흐르고픈 물길을
방망이로 두드리면 뭣이 되는지

정체하여도 그만이라는
익숙한 이들의 고백
낯설기만 하다

오늘의 흐린 출구는
그저 돌아갈 일
그뿐

지금은
숨고르기가 필요한 시간
천천히 들숨과 날숨을 배운다.

-「빨래를 하다」 전문

이 시에서의 시적 화자는 빨래를 하면서, 빨래의 세계를 낯설게 하기로 빚어놓고 있다. 넘실넘실 헹굼질하는 물 속에서 때와 먼지와 시간을 뒤집어쓴 축축한 안색의 빨래가 있다. 사람을 벗은 납작하고 쭈글쭈글한 표정으로 빨래는 물의 안팎을 흔들고 있다. 방망이로 두드리며 헹구는 방식으로 빨래의 방향을 깨끗이 모색하고 있다. 그 과정 속에서 시적 화자는 어떤 깨달음에 이른다.

처음에는 빨래에 촘촘히 스며든 이야기를 툭툭 털어낸 뒤 손끝으로 치댄 땟물의 헹굼질하는 과정을 거친다. 졸졸 흐르던 물길이 출구에서 잠시 머뭇거린다. 떨림을 헤치고 척 달라붙은 먼지들 때문이다. 이를 시적 화자는 미련하다고 평가한다. 그러면서 호통을 친다. 세상을 바라보라고. 흐르고픈 물길을 방망이로 두드리면 무엇이 되는지를 묻는다. 정체해도 그만이라는 이들의 고백에 쐐기를 박으며 어떤 깨달음에 이른다. 숨고르기가 필요하다며 들숨과 날숨을 배우는 시적 화자가 멋지다. 빨래의 공식은 세탁 십 분 헹굼 세 번처럼 들숨 천천히 날숨 천천히이다. 그래야 아픔을 관통하며 마르게 하는 빨랫줄에 척 걸쳐져 햇살춤과 바람춤을 출 수 있다. 하찮은 빨래의 일상 속에서 발견해내는 기막힌 낯설게 하기, 그 솜씨가 멋스럽다. 시의 특질 중 하나가 이처럼 세상을 새로운 각도로 해석해내는 것이다. 이게 빛날수록 시의 세계는 독자들을 매료시킬 수 있다.

새떼 날아간 섬에는
허름한 허리와 주름진 얼굴이
산다

풍상 기억하는 표정 하나
빛바랬어도 파도 넘실넘실
짬도 없이 보낸 세월
열여덟 고운 등이 굽었다

엄마는
지나가는 모든 발소리가
다 아들이어서
해는 저무는데 빛바랜 대문 앞
맥없이 들락거리고

달도 하늘에서 동구 밖 내다본다

잘 살았냐 잘 있었냐 고맙다
집 앞 서성이는 그리움은
평생 찾아가지 않는
가슴에 박힌 돌덩이

지나치게 아끼는 건 무거워지고
쩔쩔매고 말 것을
부지런한 세월이 피었다 지는데
장농 서랍엔 저리 곱게 접은
양장저고리 꽃무늬치마 한 벌뿐

잘 가라 잘 가그라 아들아
쓸쓸해진 집 그리움은
마당에 핀 동백꽃 향기보다
더 진하다.

-「엄마의 섬」 전문

이 시에서의 시적 화자는 엄마의 삶을 그림 그리듯 보여 주고 있다. 섬은 외따로 떨어져 있어 겹겹의 파도가 풀어놓고 간 쓸쓸함을 원하든 원하지 않든 읽어야 한다. 외로움이 깊을수록 갯바위의 목덜미까지 휘어잡은 파도 소리가 허허롭다. 안부를 실어나르는 배가 오지 않는 이상 나뒹구는 바람 소리만 귓바퀴를 맴돌고 있어 쓸쓸함은 더욱 짙어진다. 어쩌면 외로움이 짙어, 파도는 흥청망청 해

조음을 써 버리고 있는지도 모른다. 섬은 태생적으로 풍토병 같은 외로움을 지니고 있다. 그런 섬의 느낌이 제목에서 느껴진다. 열여덟에 시집 와서 겪은 풍상, 허름한 허리, 주름진 얼굴, 짬도 없이 보낸 세월이 주마등처럼 스쳐 지나간다. 그런 세월 속에서 아들만은 특별한 존재로 자리한다. 늘 아들을 기다리며 산다. 그 기다림이 엄마의 인생이 되고 있다. 비록 장농 서랍에는 곱게 접어놓은 양장저고리 꽃무늬치마 한 벌뿐인 인생이지만, 아들이 있기에 슬프지 않다. 맥없이 대문 앞을 들락거리고 동구 밖을 내다보며 살아가지만, 서성이는 그 그리움이 있어, 아직은 살만 한 세상이다. 가슴에 박힌 돌덩이가 무겁긴 하지만, 마당에 핀 동백꽃 향기보다 더 진한 아들에 대한 그리움이 있기에 아직은 견딜 만하다. 어머니의 외로움을 에둘러 표현해내는 표현기법이 남다르다. 시는 직설적으로 주제를 노출시켜서는 안 된다는 메시지를 이 시가 담고 있어서, 귀하게 여겨진다.

쉴 새 없이 웅성거리며 쏟아지는 땡별 아래
짙은 침묵과 가녀린 응시
송글송글 익어 가고

언어를 잃어버린 여인
살갗 비집고 들어와
자꾸만 뒤척거리는 밤

오랜 시간 꿈꾸다
주름골 패인 사람과
부지런히 사랑의 빚 갚고 사는
유년빛 얼굴을 만나고

세월에 휩쓸리다 흘려 버린
길 위에 뚝뚝 떨어지는
추억의 소리를 듣는다.

-「여름 단상」 전문

이 시에서의 시적 화자는 여름의 한 정경을 통해 한 여인의 삶을 조명하고 있다. 여름은 숲의 멱살을 움켜쥐고 쥐락펴락하는 매미의 쩌렁쩌렁한 소리로 뜨거워지는 계절이다. 매미의 그 뜨거운 울음 불씨가 나무마다 불을 지펴 여름은 더 부덥다. 칠 년이라는 시간의 칼을 갈고 갈아 그 끝에서 얻어지는 울음이기에, 숲은 매미의 애절한 구애에 박수를 보내고 있는지도 모른다. 그런 뜨거운 한낮의 여름이 있기에 여름밤은 오히려 더 외로운 법일까. 시적 화자는 그 외로움을 "언어를 잃어버린 여인/ 살갗 비집고 들어와/ 자꾸만 뒤척거리는 밤"이라고 말한다. 어쩌다가 여인은 언어를 잃어버린 것일까. 자신의 꿈과 열정을 부정하고 살아야 하는 현실 앞에서 어쩔 수 없이 언어를 잃어버린 것일까. 한낮의 여름은 매미의 뜨거운 언어로 달아오르는데 여인은 언어를 잃어버린 채 여름밤을 견디고 있다. 그리고 주름골 패인 사람, 사랑의 빚 갚고 사는 여생을 만난다. 그러다가 어느 순간, 세월에 휩쓸리다 길 위에 뚝뚝 떨어지는 추억의 소리를 통해, 여인의 쓸쓸한 노년의 삶과 마주하게 된다. 여기서도 주제를 노출하지 않고 끝까지 숨길 줄 아는 절제력이 있다. 그러면서 쓸쓸히 살아가는 여생을 통해 숙연해진 인생관을 접하게 된다. 서두르지 않고 서서히 시적 형상화를 통해 주제를 함축하고 있다.

대나무 밭 들추어대는
바람 소리

밤새 뒤척이는 그리움
꼭꼭 빗장 건다

읽을수록
풍화되어 버린 세월

고향집 담벼락 어디쯤
뒤란 감나무에 달려 있을
엄마의 꽃밭 속에도 숨어 있을
유년

부치지 않은 안부를
꾹꾹 눌러 쓰는 바다가
손 내밀어 주기를

오월이 오면
뒤뚱거리는 발목의
사랑이 시작된다.
-「연가」 전문

이 시에서의 시적 화자는 대숲 들추어대는 바람 소리에 밤새 뒤척이는 그리움을 만난다. 대숲의 성대聲帶가 깊고 푸르러 그리움이 밀려든 것일까. 칸칸의 푸른 마디로 속 깊은 보고픔을 하늘로 하늘로 쌓아올려 밤새 대숲은 그리움으로 뒤척거리는 것일까. 여린 볕뉘를 차곡차곡 쟁여둔 댓잎에 바람이 일자, 혼잣말 같은 달빛을 끌어와 그리움의 밤이 환하게 열린다. 대숲은 선천적으로 그리움이라는 유전자를 갖고 있는지도 모른다. 그 그리움 유전자 때문에 대숲은 사계절 내내 푸른 것이다. 시적 화자는 대숲에 이는 그리움 때문에 잠이 오지 않는다. 뒤돌아보면 안타깝게 풍화되어 버린 세월이지만 그 속에 언제나 유년이 살고 있다. 고향집, 뒤란의 감나무, 엄마의 꽃밭이 유년의 기억 속에 숨어 있다. 오월이 오면 어김없이 다가와 사랑을 시작하게 한다. 고향의 유년과 함께하는 삶, 결코 지루하지 않고 슬프지 않다. 늘 생기 넘치고 사랑이 가득하기 때문이다. 시적 화자의 내면이 어둡지 않게, 사랑 가득한 인생을 꾸려가게 하는 힘이 느껴져 평안하다.

구름 몇 뭉치 뒤
곳곳에 신열같은

꽃을 피웠다

떨리는 치마 속으로
숨어든 시간조차
세지 못하고

둥지 튼
피붙이의 방에
장맛비가 내렸다

축 늘어진 어깨로
꺼억꺼억
울던 남자

바람처럼
또 그렇게
떠나버린 날

앞산 신록은
속절없이
깊어만 가고

푸르디푸른 바다는
별처럼 무심히
빛나고 있었다.

-「젊은 날의 초상」 전문

이 시에서의 시적 화자는 장맛비가 내리는 날 축 늘어진 어깨로 꺼억 꺼억 울었던 젊은 날을 떠올리고 있다. 심장과 가슴뼈에 사랑과 열정과 꿈으로 꽃을 피웠던 한 시절이 있었을 것이다. 시적 화자는 그 시절을 "신열같은/ 꽃을 피웠다"고 말한다. 꽃은 꽃인데 신열같은 꽃이란다. 아픔으로 피어난 아름다운 한 시절을 잘 표현하고 있다. 만개한 봄날을 위해 통증을 참아내며 못을 박듯 꽃잎을 열었을 것이다. 그렇게 꽃의 절정으로 향해 가는데 어디쯤에서 불안이 끼어들었던 것일까. 불안의 걸음들을 멈추게 하고 싶은데 그럴 수 없다. 조금씩 스며드는 불안으로 꽃의 생살에는 생채기가 나고 아찔한 바람을 껴입어야 했을 것이다. 이제 꽃빛은 헐렁해지고 느슨해진다. 변심을 탓하고 싶지만, 상황에 떠밀린 그 남자의 눈물이 너무 붉다. 바람처럼 떠나버린 날, 앞산 신록은 속절없이 깊어만 가고, 푸르디푸른 바다는 별처럼 무심히 빛나고 있었다라는 표현을 통해, 젊은 날의 슬픔이 얼마나 컸었는가를 여실히 보여 주고 있다. 이별 앞에서 무너지는 젊은 날, 슬퍼 견딜 수 없는 가슴을 마치 곁에서 만난 듯이 느끼게 하고 있다. 공감의 영역으로 독자를 끌어들이는 솜씨가 멋지다. 독자와 함께하는 시, 독자의 공감을 얻어내는 시라서 더욱 귀하다.

빛바랬어도
꽃 같은 시간

순한 것만 기억한다

걸려 넘어진 돌부리
부딪혀
조각난 기억들

이 강 건너려면
모두
짐이 될 듯

더듬거리지만
열리지 않는
저만큼의 세월

손끝 에이던 사랑
나는 너를
아직도 몰라

-「점멸에 들다」 전문

이 시에서의 시적 화자는 지나온 세월을 냉정히 되돌아보고 있다. 점멸하는 기억의 꽃을 다시 피워 올리고 까마득한 절벽 끝의 울음을 다시 들추며 생의 뒤안길을 되짚어본다. 빛바랬어도 꽃 같은 시간, 순한 것만 기억한다. 돌부리에 부딪혀 조각난 기억들은 강 건너기 전에 내려놓겠다고 한다. 좀처럼 열리지 않는 저만큼의 세월도 손놓겠다고 한다. 손끝 에이던 사랑까지 포기하겠다고 한다. 기억, 세월, 사랑까지 다 내려놓는다면, 홀가분할까. 정말 그럴까. 어쩌면 아이러니 기법을 통해 반전을 노리고 있는 건 아닐까. 점멸의 사전적 의미는 등불이나 불빛 따위가 켜졌다 꺼졌다 함을 말한다. 「점멸에 들다」라는 제목이 많은 생각을 하게 만든다. 멋진 제목이다. 다채로운 표현기법을 통해 시의 세계를 구축하고 구현해 나가는 황혜란 시인의 노력이 오늘따라 귀하게 여겨진다.

지금까지 살펴본 바처럼, 황혜란 시인의 시들은 우선 낯설게 하기 기법을 통해, 시를 보다 싱그럽게 해놓고 있다. 사물을 진부하게 바라보기 하지 않고, 기시감이 들게 내버려 두지 않고, 매번 새로운 각도로 사물과 현상과 인생에 대한 새로운 해석을 내놓고 있어, 참신하다. 또한 성급히 주제를 내세우지 않고, 에둘러 표현하기와 이미지 구현을 통해, 변죽만 울리게 하고, 서서히 좁혀 들어가 독자의 공감을 얻어내는 기법을 구사하고 있다. 이 때문에 시의 특질에 보다 가까이 다가갈 수 있었던 것 같다. 그리고, 되도록 절제된 시어 배치를 통해, 깔끔한 미적 가치의 그릇을 만나게 해주고 있다. 시의 세계는 이 미적 가치의 그릇에 담겨졌을 때 비로소 빛을 발하게 된다. 황혜란 시인의 시 전체가 하나의 미적 그릇을 이루고 있고, 거기에 담겨진 인생관과 세계관이 절망적이지 않고 새순 돋듯 희망적이고 섬세하고 아름답다. 그런 감성들을 만난 독자들은 시를 더욱 사랑하게 된다. 거기에 시의 리듬과 다채로운 표현기법 활용, 군더더기 없는 절제된 시어 배치, 길지 않고도 짤막한 시 속에서도 묵직한 세계관을 펼칠 수 있었던 점 등도 주목할 만하다.

앞으로 제2, 제3시집도 발간하여, 여생에 아주 좋은 친구인 시와 함께 행복을 펼쳐 나가길 기원한다. 그리하여, 노년을 외롭지 않게 의미 있게 보내길 바란다.

- 넝쿨장미들이 미소 가득 행복을 노래하는 날에
한실문예창작 지도 교수 박덕은
(문학박사·전 전남대 교수·문학평론가·시인, 소설가·
동화작가·화가·사진작가)